Delegación

Ivan Remus, PE, Esq.

Ivan Remus, PE, Esq.

DERECHOS RESERVADOS

Delegación Copyright © 2018 por Ivan Remus, PE, Esq. Reservados todos los derechos.

Todos los derechos reservados. Ninguna parte de este libro puede reproducirse de ninguna forma ni por medios electrónicos o mecánicos, incluidos los sistemas de almacenamiento y recuperación de información, sin permiso por escrito del autor. La única excepción es por un revisor, que puede citar extractos breves en una revisión.

Portada diseñada por Pro_ebookcovers en Fiverr.com

Los ejemplos presentados en este libro deben ser considerados una obra de ficción. Los nombres, personajes, lugares e incidentes, si alguno, son producto de la imaginación del autor o se utilizan de manera ficticia. Cualquier parecido con personas reales, vivas o muertas, eventos o lugares es pura coincidencia. Yo sí soy abogado, pero no soy TU abogado. Ninguna parte de este libro debe ser entendida como una asesoría legal o de alguna otra índole.

Ivan Remus, PE, Esq.

Visita mi página web en www.IvanRemus.com

Y mi página profesional en www.Ivan-Remus.com

Impreso en Estados Unidos de América

Primera edición: Julio de 2018

ISBN-13: 9781790322879

INTRODUCCIÓN:

Deténgase y hágase las siguientes preguntas:

1. ¿Tiene usted que llevar trabajo a la casa casi todas las noches?
2. ¿Tiene usted poco tiempo para compartir con su familia, para distracciones, o para obras benéficas?
3. ¿Tiene usted constante acumulación de trabajo no terminado o le cuesta mucho trabajo cumplir con las fechas límites en su trabajo?
4. ¿Gasta usted parte de su tiempo de trabajo haciendo cosas para otros, las cuales ellos podrían hacer por sí mismos?
5. ¿Trabaja usted en los detalles porque le gusta, aunque alguien podría hacerlo lo suficientemente bien?
6. ¿Tiene usted tendencia a involucrarse personalmente en todo lo que está pasando en su negocio o empresa?
7. ¿Cree usted que debería vigilar de cerca todos los detalles para que alguien haga su trabajo correctamente?
8. ¿Lo interrumpen con frecuencia porque otros le vienen con preguntas o en búsqueda de consejo o de decisiones?
9. ¿Creen sus empleados que no debería tomar decisiones por sí mismos sobre el trabajo, sino traerles a usted todos los problemas?
10. ¿Emplea usted más tiempo trabajando en detalles que las que dedica a planificar y a supervisar?

Si contestó que **sí** a alguna de estas preguntas, ¡usted necesita aprender a delegar de manera efectiva! Así que lea con detenimiento este libro ahora mismo, e implemente inmediatamente los secretos que aquí le revelamos de cómo delegar adecuada y efectivamente. Si sigue los pasos aquí recomendados, notará cambios sustanciales en su vida profesional y personal

Ahora bien, permítame decirle que, si usted contestó en la afirmativa a alguna de las preguntas anteriores, usted no está solo. Muy frecuentemente, los gerentes y empresarios se quejan de tener mucho por hacer y de contar con muy poco tiempo para hacer todas las cosas que creen tener pendientes por hacer. Esta sensación nos conduce a tener stress y a ser ineficientes a la hora de gerenciar o administrar un proyecto o empresa.

En muchos casos, los gerentes pueden reducir ese stress al practicar una de las destrezas más importantes y poco entendidas en el mundo empresarial, que es el saber delegar.

La inhabilidad para delegar ha provocado el fracaso de muchos gerentes. La información contenida en este libro resulta útil a todo gerente que desea o necesita ser más eficientes, desde presidentes de compañías hasta supervisores, los cuales necesitan desarrollar las destrezas necesarias para una adecuada delegación.

"Cuando asumí la presidencia de Bell & Howell estaba tan ocupado haciendo las cosas que debería haber delegado, que no me quedaba tiempo para gerenciar".

Sen. Charles Percy

No delegar a tiempo puede significar un exceso de carga de trabajo para nosotros, creándonos un estrés adicional que es totalmente innecesario.

Delegar a última hora nos induce a delegar por abdicación, lo que tiene el potencial de generar consecuencias catastróficas para nosotros y para la compañía.

Hace ya algún tiempo, uno de mis mentores me hizo un par de preguntas que cambiarían el curso de mi vida.

DELEGACIÓN

Mi mentor me preguntó:

-¿Quieres ser millonario?

Mi respuesta fue en la afirmativa y él continuó diciéndome:

-Si tu respuesta es que sí, entonces ¿por qué te empeñas en seguir haciendo trabajos de $10 o menos la hora?

Al principio no entendía a qué se refería. Yo era el tipo de ejecutivo que le encantaba estar enterado e involucrado en cada paso del proceso. Me enorgullecía el saber hacer cada labor dentro de la compañía. Desde formatear y correr un programa de software, a llenar una requisición, a balancear una línea. Igualmente, en mi práctica como abogado, el escribir un contrato complicado, a llenar y someter planillas ante las distintas agencias de gobierno, a balancear las cuentas por cobrar y las cuentas por pagar. En fin, siempre me ha gustado aprender y nunca le he tenido miedo al trabajo.

Él me explicó que el saber todas esas cosas era muy bueno pero que el hacerlas era lo malo. Al no querer delegar asuntos clericales, no sacaba tiempo para hacer lo que realmente más nadie dentro de la compañía podía hacer por mí. Al empeñarme a hacer todas esas cosas, no le estaba dando la oportunidad a mi oficina a crecer. No estaba dándole el uso más inteligente a mi tiempo.

Él fue más allá, me preguntó quién hacía los quehaceres en casa. Con mucho orgullo le respondí que yo me encargaba de hacer las compras en el supermercado, lavar la ropa, lavar los platos, recoger al final del día. En fin, todos los quehaceres principales de la casa los hacía a la perfección según mi hermosa madre me había enseñado cuando yo era un pre-adolescente.

Me dijo, "deja ya de hacer todas esas labores de $10 o menos la hora". Lo miré con cara de asombro. Hacer los quehaceres de la casa es algo que siempre me ha fascinado hacer. No sólo me relaja, sino que me hace sentir útil para con el resto de la familia. Me respondió, contrata a alguien para hacerlo. Es preferible que le dediques ese tiempo a tu familia o a aquellos proyectos que se han ido quedando en el fondo de la gaveta del escritorio por no tener tiempo para hacerlos.

Fue entonces cuando me dijo algo incluso más profundo, **delega incluso cuando creas que no tienes los recursos para pagar a esa persona por las labores delegadas, porque el hacerlas te está costando mucho más de lo que tendrías que pagar por ellas**. Tiempo es vida. Cuando dices que no tienes tiempo para algo, lo que realmente estás diciendo es que no tienes vida.

Ese mismo día comencé a delegar todas aquellas actividades que pudiera delegar. Me convertí en un estudioso del tema de delegación. Empecé a hacerme preguntas como:

¿Por qué hay gente que pareciera que delegan sin problemas y sus negocios y sus vidas se desarrollan a plenitud mientras que pareciera que hay otra gente que cuando delega algo, se crea un caos y termina siendo una verdadera pesadilla?

¿Qué hace exitosa un proceso de delegación mientras otro proceso en apariencia similar termina siendo un verdadero desastre?

¿Qué cosas puedo delegar que tengan el potencial de crear el mayor impacto positivo al delegarlas?

Empecé a ser más celoso con mi tiempo. ¿Qué cosas me están robando mi tiempo, me están robando mi vida? Como mi mentor sabiamente dijo:

> *Tiempo es vida. Cuando dices que no tienes tiempo para algo, lo que realmente estás diciendo es que no tienes vida*

TABLA DE CONTENIDO

INTRODUCCIÓN:	iii
1 DEFINICIÓN:	1
a. Qué es "Delegación Efectiva":	5
b. Qué NO es "Delegación Efectiva":	6
BENEFICIOS DE UNA DELEGACIÓN EFECTIVA:	7
a. Beneficios para el gerente:	7
b. Beneficios para el subordinado:	9
c. Beneficios para la empresa:	10
BARRERAS PARA UNA DELEGACIÓN EFECTIVA:	11
a. Posibles excusas:	11
b. Posibles verdaderas razones:	12
c. Resistencia del subordinado:	13
FACTORES PSICOLÓGICOS Y CÓMO ENCARARLOS:	14
CÓMO DELEGAR EFECTIVAMENTE	18
Proceso de Delegación Efectiva:	18
a. Planificación Adecuada	19
i. Determine qué delegar:	19
ii. Determine qué NO delegar:	20
b. Selección Adecuada	21
i. Seleccionar en quién delegar:	21
c. Asignación Adecuada	22
i. De Autoridad requerida:	22
ii. De responsabilidades:	23

iii.	Aclarar resultados deseados:	24
d.	Comunicación Adecuada	25
e.	Establecimiento de Tiempo Límite:	26
f.	Seguimiento Adecuado:	26
g.	Gratificación y Reconocimiento:	28

Niveles de una Delegación Efectiva   29

DETERMINE SU "RETORNO DE LA INVERSIÓN" (R.O.I.):   31

RESUMEN Y CONCLUSIONES: 34

   Resumen: 34

   a. Conclusiones: 37

EPÍLOGO: 38

BIBLIOFRAFÍA CONSULTADA: 40

OTROS LIBROS POR IVAN REMUS, PE, ESQ.   42

SOBRE EL AUTOR   43

¡GRACIAS!   44

RECURSOS   45

1 DEFINICIÓN:

El Diccionario de La Real Academia Española, a través de su versión digital del programa Encarta de Microsoft, define al verbo Delegar como:

"**Delegar.** (Del lat. delegāre). Verbo transitivo. Dicho de una persona: Dar a otra la jurisdicción que tiene por su dignidad u oficio, para que haga sus veces o para conferirle su representación." Microsoft® Encarta® 2006. © 1993-2005 Microsoft Corporation.

De la anterior definición, debemos aclarar el significado de la palabra "jurisdicción", la cual, el Diccionario de La Real Academia Española, a través de su misma versión digital supra, define al nombre femenino Jurisdicción en su primera y quinta acepción como:

"**Jurisdicción.** (Del lat. iurisdictĭo, -ōnis). Nombre femenino. Poder o autoridad que tiene alguien para gobernar. (...) 5. Autoridad, poder o dominio sobre otro." Microsoft® Encarta® 2006. © 1993-2005 Microsoft Corporation.

Como vemos, "Delegar" implica darle o transferirle a otra persona el "Poder" o "Autoridad" para que realice alguna tarea como si esa persona fuera nosotros mismos.

Pero ¿Qué significa "Poder" o "Autoridad"?

Los profesores Megginson, Mosley y Pietri definen "Autoridad" como el derecho a mandar a otros a actuar o dejar de actuar con el fin de alcanzar ciertos objetivos. Añaden que la Autoridad posee dos enfoques:

- **Autoridad Formal:** Que la confiere la misma estructura organizacional de la empresa.

- **La Aceptación de la Autoridad:** La cual se origina sólo cuando las personas sobre las cuales se va a ejercer dicha Autoridad la aceptan. Una desobediencia de una orden dictada es la negación de dicha Autoridad transmitida. Por ello, es importante comunicar adecuadamente a todos los involucrados de la delegación realizada. Leon C. Magginson, Donal C. Mosley y Paul H. Pietri, Jr. Management - Concepts and Applications. University of Alabama. Harper & Row, Publishers, New York. 1983, Págs. 249-250.

Por otra parte, los mismos autores expresan que tener la autoridad que conlleva el puesto no es suficiente para asegurar que los subordinados respondan según los deseos o las órdenes impartidas por el supervisor o gerente y aclaran que para lograr una "Delegación Efectiva", es necesario que el gerente o supervisor ejercite también su poder.

Estos mismos autores definen "Poder" como la habilidad para influir individuos, grupos, decisiones o eventos. A su vez, podemos identificar que existen dos tipos de poderes:

- **El Poder por Posición**: el cual es derivado de la Autoridad Formal que confiere la posición que se ocupa dentro del organigrama de la Empresa.

- **El Poder Personal:** el cual se deriva de los seguidores y depende de cuánto los seguidores admiran, respetan y están comprometidos con su líder.

Leon C. Megginson, Donal C. Mosley y Paul H. Pietri, Jr. Management - Concepts and Applications. The University of Alabama. Harper & Row, Publishers, New York. 1983, Págs. 253-254.

DELEGACIÓN

De lo anterior podemos concluir que el Poder y la Autoridad necesarios para llevar a cabo la tarea delegada están íntimamente entrelazados: Se puede tener la **autoridad** que conlleva el puesto o la tarea delegada, pero hace falta además ejercer el **poder** que se nos confiere con dicha autoridad.

Como vemos, la Delegación Efectiva involucra tres conceptos esenciales:

- Responsabilidad,

- Autoridad y Poder

- Rendir cuentas o responder por los resultados obtenidos.

Cuando el gerente delega, comparte cierto grado de responsabilidad y autoridad con el subordinado, pero sigue estando obligado a rendir cuentas del resultado obtenido.

En palabras sencillas, el sentido generalmente aceptado del verbo "delegar" es bien claro: confiar algo a alguien; designar a alguien su delegado.

La frase "confiar algo a alguien" pone de manifiesto el proceso de la delegación. Al delegar, usted confía a un subordinado tareas (junto con la autoridad y el poder para llevarlas a cabo), que son parte de su responsabilidad y que por regular cumple usted.

Este último punto nos lleva a hacer una distinción crítica entre las actividades del propio puesto de un subordinado y el encargo que usted le haga de parte de su puesto.

La figura 1 ilustra el procedimiento. Se emplea el ejemplo de un ejecutivo a cargo de una operación de producción. Su subordinado es un despachante de producción.

Como puede observarse, el ejecutivo ha asignado el informe

mensual de inventarios a su subordinado, el despachante de producción. La tarea delegada la realizará el subordinado una sola vez, el mes siguiente el ejecutivo la volverá a ejecutar.

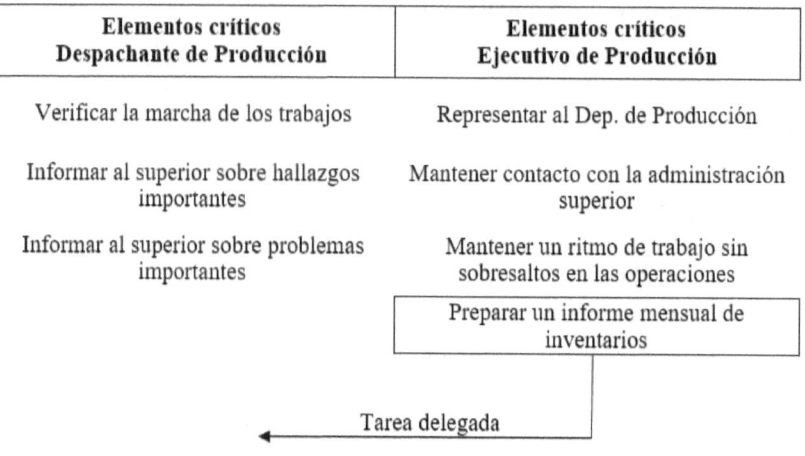

Figura 1: Modelo de la planilla de delegación del ejecutivo.

**Recordatorio: Descargue la
"Guía Complementaria de Delegación"
para obtener sus resúmenes y ejercicios**

Este libro tiene una guía complementaria que lo acompaña, la cual puede descargar de forma gratuita. La misma incluye resúmenes de capítulos críticos y listas de verificación de implementación. Vaya aquí para obtener su guía complementaria gratuita y comience a implementar lo que está aprendiendo:

https://ivanremus.com/hbb/delegation-companion-guide/

DELEGACIÓN

a. Qué es "Delegación Efectiva":

- Delegación efectiva es cuando el gerente entrega a alguien parte de su responsabilidad y autoridad para realizar algo que normalmente formaría parte de las del trabajo y obligaciones de dicho gerente y el resultado obtenido es el esperado.

- Como ya hemos dicho, la delegación efectiva involucra tres conceptos esenciales: responsabilidad, autoridad y rendir cuentas o responder por los resultados obtenidos. Y resulta importante repetir hasta la saciedad que cuando el gerente delega, comparte cierto grado de responsabilidad y autoridad con el subordinado, pero sigue estando obligado a rendir cuentas del resultado obtenido. En otras palabras, delega la actividad pero no el resultado. Si a la hora de evaluar los resultados, no estás satisfecho con los resultados obtenidos, mírate en un espejo si quieres encontrar a quién reclamarle

- La delegación efectiva suele ser un procedimiento para ser realizado por lo general una sola vez. Sin embargo, una delegación eficaz podría generar que dicha función delegada se transfiera con carácter permanente, de caber dentro de la descripción del cargo del subordinado.

Particular precaución debe tenerse respecto a este último punto: Si la empresa u organización emplea descripciones formales de puestos, usted debe examinarlas cuidadosamente para evitar complicaciones (por ejemplo, de reclamos salariales), de asignar al subordinado dicha tarea con carácter permanente y la descripción de su cargo no contemple su cumplimiento. Igual diligencia debe tenerse al revisar los convenios colectivos que pudieran afectar la descripción del cargo.

b. Qué NO es "Delegación Efectiva":

- Delegación efectiva no es asignar simplemente una tarea a un subordinado dentro de sus obligaciones y responsabilidades.

- Delegación efectiva no es abdicar. El gerente sigue siendo en definitiva el responsable de la asignación. Por ello es importante establecer adecuados controles a la hora de dar seguimiento.

- Delegación efectiva no es arrojar sobre el subordinado asignaciones indeseables. Debe evitarse que el subordinado resienta el estar realizando el trabajo del jefe.

- Delegación efectiva no es describir con lujo de detalles cómo el subordinado debe llevar a cabo la asignación delegada.

Por ejemplo, usted no debe delegar: revisiones de desempeños de otros empleados, ni la aplicación de actos disciplinarios, o el despedir a un empleado. Usted debe crear un plan de delegación para evitar que la misma carezca de los principios obvios de organización, lo que conllevaría a resultados indeseados.

En nuestro taller de delegación, le enseñamos los pasos concretos que debe seguir para lograr una adecuada delegación efectiva y practicamos con ejemplos concretos cómo delegar eficaz y efectivamente. Ofrecemos también los servicios de consultoría especializada de evaluación e implementación de planes de delegación adecuados a sus necesidades.

BENEFICIOS DE UNA DELEGACIÓN EFECTIVA:

Una verdadera delegación efectiva genera múltiples beneficios tanto para el gerente como para el subordinado, así como para la empresa. A continuación, enumeramos algunos de los beneficios de una delegación efectiva:

a. Beneficios para el gerente:

Por eficaz que sea usted como gerente, la responsabilidad de su cargo es mayor que la que pueda usted asumir por obra de su propio esfuerzo. Mediante una delegación efectiva, usted puede concentrar los asuntos de mayor importancia dentro del círculo de las cosas que usted mismo atiende y delegar en los demás aquellas tareas menos importantes. De la forma antes dicha usted da a los asuntos de mayor importancia la atención que merecen.

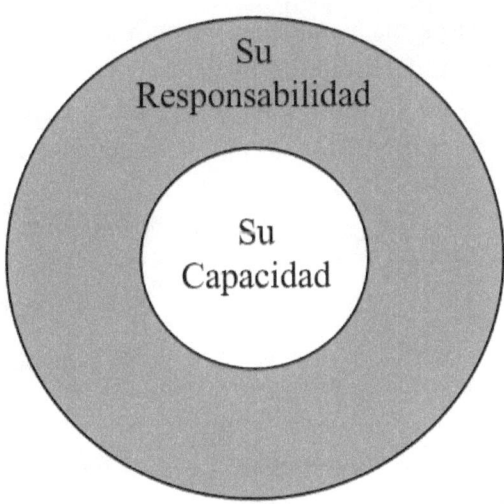

Ocasionalmente, administradores bien intencionados y ambiciosos, pero muy mal orientados hacen caso omiso a esta realidad y tratan de ampliar su capacidad, con la esperanza de que coincida con su responsabilidad. Es una tarea condenada al fracaso. A menudo escuchamos a los gerentes quejarse, usando frases como:

- No puedo estar en cinco cosas a la vez.

- El negocio se viene abajo si me tomo un día libre.

- Tengo que hacer el trabajo mío y de tres más.

Los resultados de un estudio de Cornell University nos permiten concluir que el desempeño positivo del gerente está directamente relacionado con el uso de la delegación efectiva. En dicho estudio se analizaron las prácticas de trabajo de cierta cantidad de ejecutivos de mediano y alto rango. Se encontró que entre aquellos ejecutivos que fueron juzgados como excelentes, el 75% de ellos delegaba a menudo y de manera eficaz, mientras que los ejecutivos mediocres no solían delegar en lo absoluto.

La delegación efectiva es una herramienta importante a la hora de una planificación óptima del tiempo. A continuación, presentamos una gráfica muy útil para visualizar qué tipos de tareas deben ser delegadas, cuáles atendidas en el momento, cuáles atendidas luego y cuáles sencillamente olvidadas.

	No Urgente	*Urgente*
No Importante	Olvídelo	DELEGUE
Importante	Planifíquelo	Hágalo Ahora

Figura # 2: (Matriz Eisenhower de Planificación)

DELEGACIÓN

Muchos gerentes y ejecutivos que emplean la delegación de manera efectiva coinciden en opinar que entre las aplicaciones positivas de la misma se encuentran:

- Hace que su trabajo sea más fácil.

- Reduce el stress.

- Desarrolla confianza y empatía con su subordinado.

- Lo libera de lo cotidiano, de modo que usted pueda hacer lo que realmente debiera estar haciendo, que es manejar (gerenciar) la empresa. Mientras más tareas cotidianas transfiera a un subordinado, (con los debidos controles), mayor latitud tendrá usted para reformular metas de la empresa o departamento a su cargo, así como para planificar a mediano y largo plazo, entre otros.

- Desarrolla a su subordinado, de modo que usted pueda avanzar a hacer cosas más importantes. En otras palabras, mientras más tareas corrientes usted le transfiera a un subordinado, mayor latitud tendrá usted para reformular metas organizacionales, planificar a largo plazo.

- Nadie espera que usted, como ejecutivo, sea experto en todo. La delegación efectiva permite hacer uso de las cualidades especiales de su subordinado.

b. Beneficios para el subordinado:

- Produce oportunidades de crecimiento profesional.

- Desarrolla sus destrezas.

- Le provee de satisfacción personal y sentido de logros y éxitos.

- Expande su valor ante la organización.

- Les da oportunidad de evolucionar con la toma de decisiones, que en su momento conduce a un mayor compromiso con la empresa y desarrollo de buen estado de ánimo y moral.

c. **Beneficios para la empresa:**

- Ahorra dinero.

- Incrementa la productividad y la eficiencia.

- Promueve el trabajo en equipo.

- Desarrolla un flujo constante de nuevos líderes que irán ascendiendo en la estructura organizacional de la empresa.

- Propicia que "las cosas marchen" e impide que se produzcan caos en caso de ausencia inesperada por parte del ejecutivo.

- Genera ideas y puntos de vistas novedosos. Un principio básico de los negocios es que dos cabezas piensan mejor que una. La delegación efectiva le brinda la oportunidad de aprovechar la riqueza de ideas que ofrecen la inteligencia y experiencia de su subordinado.

- Los efectos a largo plazo obran en beneficio para todas las partes involucradas. En términos generales, refuerza las cualidades del ejecutivo y lo mantiene en contacto con los elementos que son de su responsabilidad, a la vez que amplía sus horizontes, lo que redunda en beneficio para la empresa.

BARRERAS PARA UNA DELEGACIÓN EFECTIVA:

La mayor barrera para una delegación efectiva es usted mismo, el gerente. Cuando le preguntamos a un gerente por qué no delega tanto como debiera estarlo haciendo, da como respuesta las siguientes excusas.

a. Posibles excusas:

Las personas usan muchas **excusas** para no delegar tanto como debieran. A continuación, presentamos una docena de las excusas más comunes:

1. Yo lo podría hacer mejor. No me gusta cómo queda cuando alguien más lo hace.
2. Soy la única persona que sabe cómo hacerlo.
3. Si quieres que las cosas se hagan bien, hazlas tú mismo.
4. No sé si puedo confiarle que lo haga.
5. Nadie está capacitado o cualificado para hacerlo.
6. Mi gente ya está saturada de trabajo. No puedo arrojarles más cosas encima de sus hombros.
7. Ya tiene demasiado que hacer.
8. No tengo el tiempo para enseñarle a nadie cómo hacerlo.
9. Delegaría si no estuviera tan ocupado.
10. La última vez que le delegué algo a alguien, esta persona estropeó y ahora no le voy a dar nada más para hacer.
11. No quiero ceder esa actividad porque disfruto haciéndola.
12. No delego porque me cuesta dinero. No tengo los recursos suficientes para pagarle a alguien más para que haga esa tarea.

Tome un momento para revisar las excusas que usted pudiera estar ofreciendo como razones para no delegar. Preste especial atención a la última excusa y pregúntese si no delegar esas tareas le está costando más dinero que lo que pagaría a alguien por hacerlas. ¿Se le viene a la mente alguna otra excusa para no delegar? Sea sincero con usted mismo.

b. Posibles verdaderas razones:

Detrás de las excusas que los gerentes plantean se esconde las verdaderas razones por las cuales no desean delegar. Sea honesto con usted mismo para poder determinar cuáles son las verdaderas razones por las cuales usted no delega tanto como debiera. Entre las posibles verdaderas razones están:

1. Me siento cómodo haciendo el trabajo que llevo haciéndolo desde hace tiempo. Si delego dicho trabajo, tendría que concentrarme en nuevas responsabilidades y no me siento a gusto con ello.
2. Si alguien más puede hacer mi trabajo, pudiera ser que no me necesiten más.
3. **Delegación a la inversa**. Yo soy el jefe, el que manda, se supone que tenga control de todo.
4. Qué pasaría si la otra persona "chava" la cosa, yo sería aún responsable.
5. **Falta de tiempo**. Seamos intelectualmente sinceros: delegar toma tiempo. Es posible que en las primeras etapas del proceso de delegación usted tenga que invertir tiempo en adiestrar a la gente. Además, es también factible que algunas veces tome más tiempo terminar una actividad que ha delegado, en comparación al tiempo que tomaría si usted la realiza personalmente, cuando contabilizamos también el tiempo que usted tiene que dedicar a darle seguimiento a lo delegado. Lo importante es recordar que a la larga ese tiempo dedicado se reduce significativamente y usted disfrutará de los frutos de una delegación efectiva.

DELEGACIÓN

6. **Perfeccionismo- miedo al fracaso**. Con la delegación efectiva se reducen los posibles errores y la persona aprende a hacer el trabajo delegado de manera apropiada.
7. **Poco personal**. Subordinados que trabajan demasiado y no pueden atender nueva carga.
8. **Problema con los controles**. Este fenómeno se da en ambos extremos: Establecer demasiados controles o no establecer controles adecuados, entre los que se encuentran los controles posteriores.

Tome un momento para revisar las posibles razones que usted tiene para no delegar.

c. Resistencia del subordinado:

Algunas veces los subordinados por diversas razones, se resisten a acepar del jefe nuevas responsabilidades. A continuación, mostramos algunas de ellas:

1. En el pasado no han recibido ni recompensa ni reconocimiento por un trabajo bien hecho.
2. Pudieran sentir que es más fácil preguntarle al jefe, en vez de decidir por ellos mismos.
3. Pudiera ocurrir que no tengan ni la destreza ni la habilidad necesaria para realizar el trabajo.
4. Pudieran sentir que se les está obligando realizar el trabajo del jefe.
5. Envidia por parte de los otros compañeros de la habilidad del subordinado.

Estudie la lista anterior y pregúntese si usted ha contribuido de alguna manera en la resistencia de sus subordinados. Además, ¿Puede pensar en alguna otra?

FACTORES PSICOLÓGICOS Y CÓMO ENCARARLOS:

El factor psicológico es un aspecto importante y crítico en el proceso de delegación efectiva. La importancia se hace patente al contestarnos la siguiente pregunta: Si la delegación ofrece tantas ventajas, ¿Cómo es posible que esté tan subutilizada? Quienes mejor delegan comprenden muy bien las actitudes mentales propias y las del subordinado.

Las ideas que se exponen a continuación ayudarán a superar las posibles barreras psicológicas que se pudieran presentar en el proceso de delegación efectiva, a la vez que les ayudarán a obtener mejores resultados.

- **Esté atento a los factores psicológicos**. El campo de la mente es sutil y por tanto a veces se le subestima. La conciencia de las consideraciones psicológicas que comprenden la delegación efectiva puede resultar de gran ayuda para las posibles barreras que se pudieran presentar.

- **Encare las dudas específicas**. Si piensa que no está utilizando la delegación efectiva tan frecuentemente como debiera, contéstese por qué. Una vez convencido de que ha descubierto el obstáculo, confróntelo. Por ejemplo, si descubre que el motivo concreto es que no tiene subordinados debidamente cualificados, descubrirá a su vez que la práctica perfeccionada de delegación hará que supere el problema. La delegación parcial y la debida capacitación proporcionarán a los subordinados de la experiencia que les permita ir acumulando la capacidad necesaria para afrontar nuevos y mayores retos en delegaciones futuras.

- **Prevea las actitudes de sus subordinados**. Los subordinados en quienes delegue constituyen parte indispensable de las consideraciones psicológicas que debe tomar en cuenta a la hora de delegar. A continuación, enumeramos algunas de las reacciones que pudieran mostrar los delegados potenciales:

    1. **Recompensa**: Si los dos consideran la delegación como una recompensa, se logrará su objetivo de lograr su aceptación y cooperación.

    2. **Jactancia**: En ciertos casos, tropezará con gente insegura de sí misma y con la necesidad de lograr la aprobación de sus compañeros. Posiblemente este tipo de persona exagere la importancia que realmente tiene la tarea delegada.

Si un delegado sugiere a los demás compañeros que le espera un ascenso, un aumento de sueldo u otra cosa parecida, usted debe poner de inmediato las cosas en su lugar y aclarar que tal cosa no es así.

    3. **Resistencia**: Frecuentemente al subordinado no le gusta que se le encarguen misiones. Por lo general, la gente de esta categoría tiene una visión del trabajo limitada y piensan que lo que importa es hacer su propio trabajo.

Este tipo de respuesta del empleado no es ni constructiva ni cooperativa. Le quedan dos caminos ante este tipo de reacción:

    a. Busca a otro subordinado que se muestre más dispuesto a aceptar el encargo.

b. Se toma el tiempo necesario para explicar y hacerle entender que usted no quiere aprovecharse de él o de ella.

Para conseguir una cooperación activa entre las partes, hay que tomar pasos concretos. Uno de los pasos más importantes es el darnos cuenta de que hay una mejor forma de interactuar que el win/loose approach. Si se puede remover la presión de ganar siempre, se inspira a las partes a cooperar. Para ello debemos tener en cuenta en todo momento ciertas reglas básicas que resultan muy útiles no sólo para una delegación efectiva, sino para todo tipo de relación laboral:

1. Respetar el modelo del mundo de los demás.

2. El significado de la comunicación es la respuesta obtenida.

3. La mente y el cuerpo se afectan el uno al otro.

4. Las palabras que utilizamos no representan el evento o el objeto. El mapa no es el territorio, ni el menú la cena.

5. La información más importante de una persona es su comportamiento.

6. El comportamiento presenta es la mejor alternativa de una persona, si tuviese otras alternativas cuyos comportamientos fuesen más apropiados, éste (el comportamiento) cambiaría.

7. La persona NO es su comportamiento. No etiquetar a las personas.

8. No hay personas ineptas, solamente estados incapacitantes. Toda persona tiene los recursos para el éxito.

DELEGACIÓN

9. Yo estoy a cargo de mi mente, por lo tanto, soy responsable de mis resultados (logros).

10. La persona con a la mayor flexibilidad de comportamiento (variedad de requisitos) controla es sistema.

11. No hay tal cosa como el fracaso, solamente existen resultados.

12. No hay clientes resistentes, solamente comunicadores inflexibles.

13. Todo procedimiento debe aumentar los recursos (alternativas).

Otro factor psicológico importante en el proceso de delegación efectiva es:

4. **Un mayor conocimiento de sí mismo**: El proceso de delegación conlleva la oportunidad de una mejor comprensión de sí mismo. Usted puede determinar si tiene un sentimiento de íntima inseguridad que se nutre de satisfacción al desarrollar las posibilidades de un ejecutivo promisorio, asignándole tareas que le ayuden a desenvolverse. Usted pone a prueba su aptitud de medir y juzgar las capacidades de sus empleados. La delegación efectiva es un ejercicio práctico.

CÓMO DELEGAR EFECTIVAMENTE

Proceso de Delegación Efectiva:

A continuación, se muestra un flujograma del proceso de Delegación Efectiva que estaremos estudiando

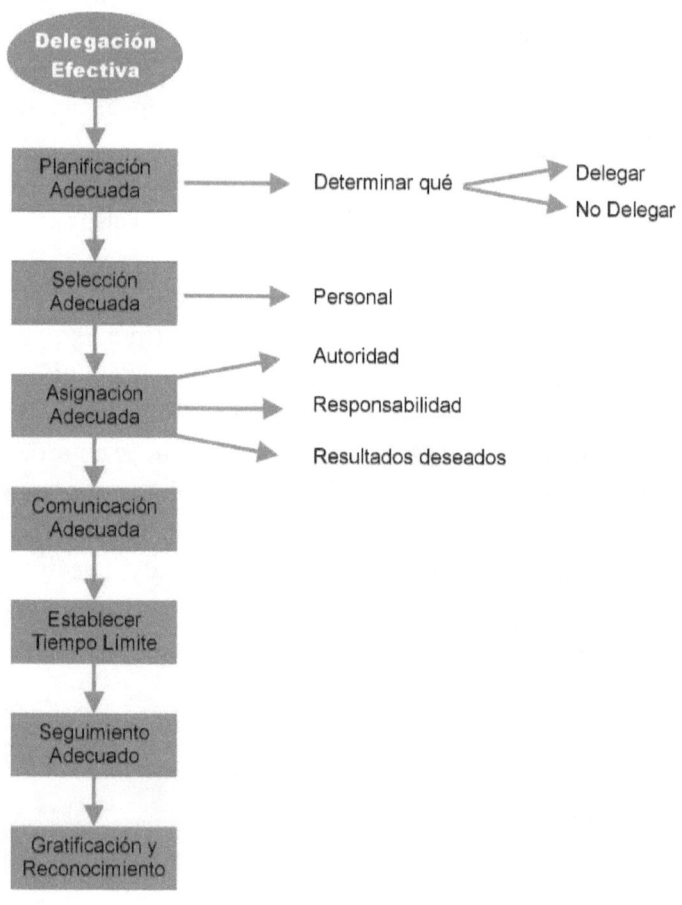

DELEGACIÓN

a. Planificación Adecuada

Para una Delegación Efectiva es necesario establecer un plan adecuado para delegar. Como primer paso de ese plan, debemos determinar cuáles actividades delegar y cuáles no:

i. Determine qué delegar:

A la hora de determinar cuáles actividades delegar, debemos establecer un plan de cuáles actividades delegar en sí. Debemos evitar el delegar de manera caótica y desordenada. A la hora de seleccionar cuáles actividades delegar:

- Tenga una idea clara de qué se propone lograr a través de dicha delegación. ¿Delega usted para aliviar su carga de trabajo, o para proporcionar a su asistente una experiencia valiosa? Estos objetivos no son excluyentes, por el contrario, en muchas ocasiones usted cumple diversos propósitos mediante una única delegación.

- Delegue aquello que no forma parte de su competencia. Por ejemplo, en un negocio pequeño podría delegar el diseño de su página de Internet, la contabilidad del negocio, mantenimiento de sus equipos, etc.

- Delegue actividades rutinarias, tales como ordenar, contar, llenar reportes rutinarios, etc. Usted necesita enfocar su tiempo y destrezas, así que consiga a alguien más para manejar este tipo de actividades.

- Delegue actividades o situaciones completas, en vez de tareas aisladas simplemente. (No es lo mismo:

    * "Envía un e-mail al grupo avisando que nos reuniremos el próximo viernes a las ocho de la mañana." Versus

* "Prende la computadora.")

- Delegue el objetivo o la tarea, NO el procedimiento. Por supuesto que esta regla tiene su excepción: Existen tareas extremadamente sensitivas, que requieren que se realicen de cierta manera particular y no admiten variaciones en el procedimiento de la misma. En esos casos, entonces sí.

- Delegue todo aquello que se espera que su subordinado haga en su ausencia.

- Delegue aquellas tareas que tienen el potencial de desarrollar al subordinado en otras áreas de competencias, para su desarrollo y potencial promoción.

- Delegue siempre tan sólo un poco más de lo que usted piensa que la persona es capaz de manejar. Con frecuencia verá cómo el subordinado sí logra realizar la tarea delegada.

ii. Determine qué NO delegar:

Analice el tiempo que dedica a actividades rutinarias, al hacerlo, determine cuáles pudieran ser delegadas y cuáles pudieran ser simplemente eliminadas. No delegue lo que pueda eliminar. Si usted no debería estar haciendo dicha actividad, quizás nadie debería estar haciéndola.

Entre las cosas que NO debería delegar tenemos:

* Evaluación de desempeños de subordinados.

* Despedir a un subordinado.

* Asuntos disciplinarios.

* Asuntos confidenciales.

* Planificación de estrategias de negocios a largo plazo.

DELEGACIÓN

> * Asignaciones de nuestro jefe que él o ella espera que hagamos personalmente.

- Asegúrese de NO delegar el control de su equipo de trabajo.

- Evite delegar aquellas tareas que vallan más allá de las destrezas del subordinado.

- Evite transferir problemas de relaciones humanas que involucren conflictos o dificultades con empleados. Usted NO debe delegar problemas que tengan que ver con relaciones personales o con la personalidad de sus subordinados.

- Evite también el delegar aquellas tareas de emergencia cuando no hay tiempo para adiestrar o explicar adecuadamente.

b. Selección Adecuada

El segundo paso de una Delegación Efectiva es el de una Selección Adecuada del delegado. En otras palabras, debemos determinar cuál es la persona más adecuada para delegarle la función.

i. Seleccionar en quién delegar:

A la hora de determinar qué persona en quién delegar la tarea es la más adecuada, debemos tener en cuenta que ella (él) no tiene que tener necesariamente la mayor experiencia o las mejores aptitudes. Su selección dependerá del momento, el lugar, la índole de la tarea y los objetivos que usted interesa lograr. A continuación algunos factores a seguir a la hora de seleccionar a las personas en quién delegar:

- **Disponibilidad del subordinado**. Lo lógico es seleccionar aquel subordinado cuyo trabajo puede interrumpirse para que lleve a cabo la tarea delegada.

- **Calidad vs. Rapidez**. Si para usted es muy importante la rapidez y por lo tanto usted ha escogido a una persona que suele terminar sus asignaciones más rápido que sus compañeros, asegúrese de revisar la calidad del trabajo delegado, bien a medida que lo realiza o una vez ya haya terminado. De esa forma se cerciora de no haber sacrificado la calidad en aras de la velocidad.

- **Considere asignar la tarea a dos o más personas**. Si se desea asignar la tarea a una persona que no es su subordinado directo, conviene que usted consulte primero con el superviso de dicha persona. En algunos casos es preferible que el supervisor de esta persona asigne la tarea por usted. De ser usted quien asigna la tarea, hágalo en presencia del supervisor de la persona.

- **Sea equitativo a la hora de delegar**. Reparta las delegaciones asignadas a la mayor cantidad de subordinados posibles. Asigne una tarea a una persona, pero no siempre las tareas a la misma persona. De esa manera logra la capacitación del mayor número de empleados posibles y estimula la cooperación entre los miembros del grupo, a la vez que evita la apariencia de favoritismos.

c. Asignación Adecuada

- El tercer paso de una Delegación Efectiva requiere de una Adecuada Asignación de: autoridad, responsabilidades y rendición de cuentas de los resultados esperados.

A continuación, detallaremos cada uno de dichos conceptos a asignarse:

i. De Autoridad requerida:

- El término "Autoridad" se refiere al adecuado poder que se le otorga al delegado, el cual incluye el derecho de actuar y tomar decisiones.

- Parafraseando la definición del verbo "Delegar", recordaremos que decía que era el proceso en el que una primera persona

DELEGACIÓN

transfería a una segunda persona la Autoridad necesaria para que esta última actuara a nombre de la primera.

- * "Yo te autorizo a que tomes mi vehículo y lo lleves al taller a que le cambien el aceite." Si yo no te autorizo a que tomes mi vehículo y tú lo tomas (aunque sea para llevarlo a cambiarle el aceite), estarías cometiendo el delito de apropiación agravada, pues habrías tomado y estarías conduciendo un vehículo para el cual no estabas autorizado a conducir.

- En este paso, el supervisor o gerente transfiere al subordinado una medida limitada y suficiente de autoridad dentro del contexto de su propio cargo, para que dicho subordinado realice la tarea delegada.

  - * "Te autorizo a que lleves el carro al taller, pero no para que te vayas a pasear a otra ciudad con el vehículo".

- Es importante que aclaremos adecuadamente con el subordinado cuáles son los límites de dicha autoridad transferida, así como también definir los criterios presupuestarios a ser tomados en consideración.

- Aunque el supervisor conceda a su delegado la medida de autoridad necesaria para llevar a cabo la tarea delegada, ambos deben mantener en mente que el supervisor sigue siendo responsable de cumplir la labor y de los resultados finales.

- Recuerde: Asegúrese de notificar a todo aquel que se vea afectado por la transferencia de autoridad.

ii. De responsabilidades:

- El término "Responsabilidad" se refiere a la obligación que se crea cuando un subordinado acepta la autoridad que el superior le delega.

> * "Si te pedí cambiarle el aceite al carro, completa la tarea dentro del tiempo pedido."

- Es importante señalar que los gerentes y supervisores son responsables por lo que ocurra o deje de ocurrir en sus respectivos departamentos. Si un subordinado comete un error porque no se le ha adiestrado adecuadamente o porque le han delegado exceso de responsabilidades, no se puede culpar a ese subordinado sino a su gerente que se excedió a la hora de transferirle dichas responsabilidades.

- Como ejecutivo a cargo, usted puede hacer que el subordinado le rinda cuentas, pero la responsabilidad sigue siendo suya y no puede ser transferida o distribuida con su subordinado. En otras palabras, su responsabilidad no termina cuando usted imparte las instrucciones, usted debe verificar que se sigan tales instrucciones.

iii. Aclarar resultados deseados:

- Rendir cuentas de los resultados deseados se refiere al hecho de que los delegados deben responder por sus acciones y decisiones en la ejecución de la tarea asignada.

- Como ya hemos dicho, usted puede hacer que el subordinado le rinda cuentas, pero la responsabilidad sigue siendo suya y no puede ser transferida a su subordinado. En otras palabras, su responsabilidad no termina cuando usted imparte las instrucciones, usted debe verificar que se sigan tales instrucciones.

    > * "Te pedí cambiarle el aceite al carro y que le pusieran del tipo W20-50, no aceite de cocinar".

La siguiente gráfica ayuda a aclarar los conceptos y cómo se relacionan entre sí:

DELEGACIÓN

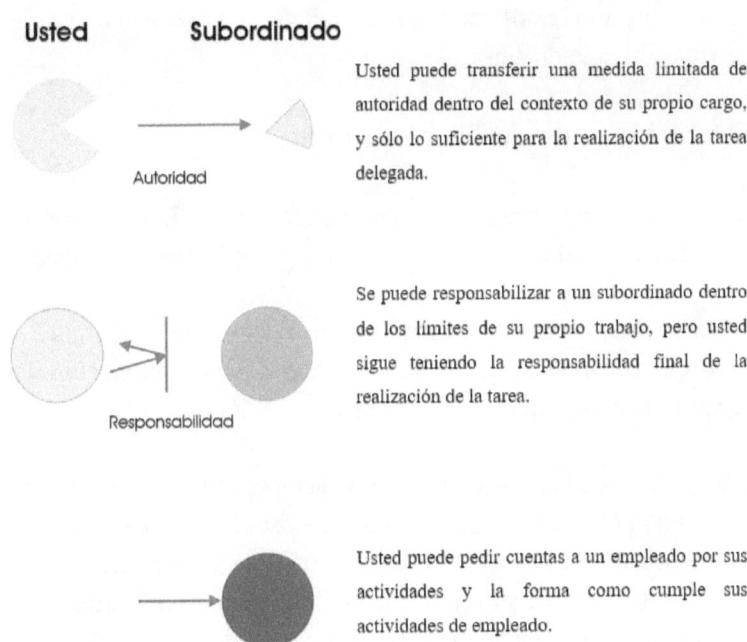

d. Comunicación Adecuada

El cuarto paso de una Delegación Efectiva requiere de una Adecuada Comunicación de: la autoridad, responsabilidades y rendición de cuentas de los resultados esperados, no sólo al delegado, sino a toda persona que se vea o pudiera verse afectada por la autoridad delegada.

Recuerde:

- Asegúrese de corroborar que el subordinado entiende el alcance de la tarea y autoridad delegada. Sea específico. Defina qué decisiones y acciones puede y no puede tomar y hacer.

    * Si usted le dice: "Haz todo lo que tengas que hacer para lograrlo" lo más probable es que termine con una sorpresa desagradable entre manos si el delegado viola los estándares de la compañía.

- Asegúrese de notificar a todo aquel que se vea afectado por la transferencia de autoridad.

e. Establecimiento de Tiempo Límite:

El quinto paso de una Delegación Efectiva requiere definir claramente cuánto tiempo tiene el subordinado para completar la tarea delegada.

Si usted desea que la tarea delegada se realice dentro de un tiempo determinado, asegúrese de que el subordinado lo sepa y tenga claro que debe terminarla dentro del tiempo pautado.

Sin embargo, es posible que en algunas ocasiones le toque negociar con el subordinado cuál será el tiempo requerido para llevar a cabo la tarea delegada. Asegúrese de que la fecha escogida sea válidamente aceptada tanto por usted como por su subordinado. Asegúrese de que ambos estén de acuerdo, de esa manera se evitarán los malos entendidos que ocasionan las falsas expectativas.

Este aspecto es muy importante. Si usted le dice que realice la tarea cuando tenga tiempo, es muy probable que pasen varios días y hasta semanas sin que se haya ni tan siquiera comenzado a llevar a cabo la tarea delegada.

f. Seguimiento Adecuado:

Este paso es quizás el más difícil de todos, dentro del proceso de una Delegación Efectiva. El mismo requiere establecer unos mecanismos de control que le permita evaluar si se están cumpliendo las metas y los objetivos deseados, a medida que se realizan las tareas delegadas, sin llegar a caer en la tentación de retomar el control y ejecución de dicha tarea delegada.

Lleve a cabo una serie de reuniones cortas de seguimiento, con el propósito de:

- **Poder monitorear el progreso de la tarea delegada.** Algunos ejecutivos obvian darles seguimiento a sus subordinados respecto a la tarea delegada, para descubrir con apenas días u horas de la fecha límite que dicha tarea delegada no se ha llevado a cabo y que por lo tanto no se podrá cumplir con lo prometido a un cliente o superior.

- **Determinar la necesidad de asistencia por parte del subordinado**. Algunos subordinados dudan en realizar preguntas a su supervisor inmediato. Ellos temen que el preguntar sea interpretado como una debilidad o falta de capacidad para el trabajo. Reuniones de monitoreo las brinda la oportunidad de preguntarle aquello que de otra manera no se atreverían sobre la tarea delegada.

La frecuencia con que usted debe llevar a cabo estas reuniones de seguimiento dependerá de la complejidad de la tarea delegada y de la experiencia y capacidad del empleado a quien se le ha delegado dicha tarea.

Posiblemente le toque llevar a cabo reuniones más frecuentes con empleados nuevos que con empleados que han demostrado ya su experiencia y capacidad en labores similares a la tarea delegada.

Nuevamente recalcamos la importancia de evitar a toda costa la llamada "Delegación a la Inversa" o "Reverse Delegation", que se refiere a aquellos casos en que el subordinado busca devolverle al supervisor la tarea delegada.

Podría ocurrir que un delegado busque realizar un trabajo de pobre calidad para de esta forma evitar que se le vuelva a delegar alguna tarea. Desaliente esta actitud firmemente dejándole saber al subordinado que tendrá que realizar la tarea delegada y que se le evaluará por su rendimiento y desempeño en la realización de la misma. Manténgase firme en su decisión y monitoree de cerca a dicho subordinado para corroborar que complete adecuadamente la tarea delegada. Recuerde: Sea firme en estos casos.

Solamente en casos extraordinarios, un gerente podría no tener otra alternativa que retomar la tarea delegada para evitar daños permanentes en su expediente de desempeño.

Como quiera que sea el caso, esto sólo debería pasar en casos extremos. Cuando usted retoma una tarea delegada, el subordinado pierde la oportunidad de aprender y crecer profesionalmente, a la vez que usted se recarga de trabajo.

Resulta frecuente que no sea necesario retomar la tarea delegada sino darle el apoyo y consejo necesario en el momento apropiado, mediante un monitoreo adecuado, de allí su vital importancia.

g. Gratificación y Reconocimiento:

Reconozca y premie al subordinado por completar satisfactoriamente la tarea delegada.

Permita que sus subordinados brillen por luz propia. Otórgueles el crédito cuando hayan completado una tarea delegada. Ello los hará sentir importantes y satisfechos por la labor realizada.

Cada persona tiene su forma particular de motivarse. Asegúrese de entender la manera como su subordinado se siente motivado y cree un mecanismo de reconocimiento en torno a las necesidades y expectativas de su subordinado y no de las suyas.

Pero cuidado: <u>No sea demasiado generoso</u>, pues serlo podría resultar contraproducente. Recuerde: En aquellos casos donde el subordinado se jacta de la labor recibida en delegación ante sus compañeros, podría mal interpretarse que existen favoritismos para con ese empleado.

NIVELES DE UNA DELEGACIÓN EFECTIVA

a. Existen cuatro (4) niveles de una Delegación Efectiva, según el grado de autoridad delegada:

- **Nivel 1: <u>Delegación Completa</u>**: El subordinado toma control completo de la tarea delegada, por tanto, no se tienen que consultar o participar con el superior.

- **Nivel 2: <u>Delegación Compartida</u>**: El superior y el subordinado acuerdan juntos quién será responsable por cuál(es) parte(s) de la(s) tareas delegada(s). Sumamente útil cuando la persona puede realizar parte de las tareas, pero está aún en el proceso de aprendizaje del resto de las tareas que componen el objetivo delegado.

- **Nivel 3: <u>Delegación "Me Cubres en mi Ausencia"</u>**: El subordinado está listo para hacerse cargo de la(s) tarea(s) para mantener la inercia de las operaciones del negocio cuando el superior está ausente.

- **Nivel 4: <u>Delegación "Infórmame en todo momento"</u>**: El superior supervisa continuamente y de cerca al subordinado, quien aún no está listo para hacerse cargo de la tarea por sí solo.

b. A su vez, las tareas a delegarse pueden dividirse en cuatro niveles, según su criterio de complejidad e importancia:

- **Nivel 1: <u>Tareas Insignificantes</u>**: Aquellas que NO tienen que consultar o participar con el superior.

- **Nivel 2: <u>Tareas Misceláneas</u>**: Aquellas que el subordinado notifica al superior una vez que las resuelve.

- **Nivel 3: <u>Tareas Intermedias</u>**: Aquellas que el subordinado las resuelve luego que consulta con el superior la solución o posibles soluciones que el subordinado entiende sean viables. ("No me traigas problemas, tráeme soluciones", "Evita Delegar hacia Arriba").

- **Nivel 4: <u>Tareas Vitales</u>**: Aquellas que en realidad el subordinado no tiene ni idea de las posibles soluciones o por lo delicada de la operación y de sus posibles consecuencias, requiere que el superior supervise y decida las posibles soluciones antes de llevarse a cabo la tarea delegada.

La gráfica siguiente nos ayuda a entender cómo se interrelacionan los distintos niveles de delegación, según el tipo de actividad a delegar. Las tareas y niveles a delegar son las marcadas en gris oscuro. Las áreas grises claro son las que no se recomienda delegar.

TAREAS / DELEGACIÓN	Insignificante	Misceláneas	Intermedias	Vitales
Completa	■			
Ausencia	■	■		
Compartida		■	■	
Total Supervisión				■

DELEGACIÓN

DETERMINE SU "RETORNO DE LA INVERSIÓN" (R.O.I.):

Muchos empresarios y dueños de negocios comienzan su propio negocio porque desean ser sus propios jefes. El problema con lo anterior es que terminan siendo también sus propios publicistas, secretarios, contables, ejecutivos de ventas, representantes de servicio al cliente, etc.

Ser tu propio jefe significa a veces ser también tu propio subordinado y sufrir un estado latente de esquizofrenia laboral, donde nos pasamos desdoblándonos en múltiples personalidades a lo largo de todo el día.

A parte del aparente inconveniente psicológico que acarrea el estar ejerciendo múltiples labores a la vez, está el hecho de que no todas las labores que realizamos durante el día tienen el mismo valor monetario, especialmente si lo analizamos desde el punto de vista de su retorno de la inversión personal o (R.O.I) por sus siglas en inglés.

Piense en todas las diversas labores relacionadas con su trabajo que usted realiza durante una semana. Determine cuánto tiempo dedica en cada actividad, por ejemplo, cuánto tiempo dedica en preparar su propia papelería o en llevar su contabilidad, o archivar papeles, o por ejemplo el hacer su propia página en la Internet.

Ahora piense en la forma en que usted genera sus ganancias. ¿Cuánto usted cobra por los servicios que usted provee, o cuántos productos usted pudo haber vendido en ese mismo período?

Si usted cobra un promedio de treinta dólares la hora ($30/h) y usted dedica en la semana unas diez horas (10 h) en archivar papeles, significa que el archivar papeles le costó a usted potencialmente trescientos dólares ($300.00) en la semana. Ahora extrapole esa cantidad al mes, el archivar usted mismo sus papeles le está costando unos mil doscientos dólares al mes. En definitiva, usted no se puede seguir dando el lujo de archivar usted mismo sus papeles.

Otra forma de calcular el costo que tiene las labores que a diario realizamos es medirlo en función de las horas-hombres que le dedicamos a cada labor. Si tomamos el ejemplo pasado, el dedicar unas diez horas (10 horas/semana) a la semana equivalía a unas cuarenta horas al mes (40 horas/mes). Significa cuarenta horas al mes (40 horas/mes) que desperdiciamos en archivar los papeles nosotros mismo, en vez de dedicarlo a compartir con nuestra familia, o a descansar, o leer un buen libro, en fin, aquellas cosas en la vida que entendemos que realmente son importantes y valen la pena hacer.

Muy frecuentemente se me acercan personas de negocios y me comentan que ellos mismos son los que han hecho su declaración de impuestos, o que han diseñado su propio logo de la compañía o han diseñado su página de la Internet. Mi pregunta para ellos siempre es: ¿Por qué?

Cualquier persona dueña de un pequeño negocio puede hacer su declaración de impuestos, o diseñar su propio logo de la compañía, o diseñar su página de la Internet. Cualquier persona de negocio podría hacerlo, ¿pero realmente deberían hacerlo?

La respuesta a la pregunta del párrafo anterior dependerá de cuán importante sea la tarea realizada respecto al negocio y de qué beneficio obtiene a persona de realizar personalmente dicha tarea. Si se es un diseñador de páginas de Internet, pues entonces es importante que uno mismo realice su propia página de Internet, pero si usted es un contable o un jardinero, pues entonces no.

En conclusión, no necesitamos hacerlo todo y si intentamos hacerlo todo, algún aspecto de nuestro negocio se verá afectado. Debemos mantenernos enfocados en hacer lo que se supone hagamos en nuestro negocio.

Muchas personas cometen el error de confundir que el correr el show es realizar la actuación de cada uno de los personajes del show completo, sin embargo, no somos ni debemos ser confundidos con el hombre orquesta.

Gerenciar nuestro negocio significa ser capaces de delegar y entender el hecho de que otros son capaces de realizar cualquier tarea tan bien o mejor que nosotros mismos. El determinar nuestro retorno de la inversión personal o (R.O.I) por sus siglas en inglés, puede ayudarnos a ver cuáles actividades relacionadas con el negocio podríamos o deberíamos estar delegando y así liberar algún tiempo para hacer aquellas cosas más rentables o agradables.

RESUMEN Y CONCLUSIONES:

Hemos querido presentar un manual comprensivo que ayude al ejecutivo actual a desarrollar las destrezas adecuadas para una Delegación Efectiva. Esperamos haber logrado nuestro objetivo trazado. A continuación, un breve resumen de los aspectos más importantes de este manual.

Resumen:

- Delegar implica darle o transferirle a otra persona el poder o autoridad para que realice alguna tarea como si fuera nosotros mismos.

- La delegación efectiva suele ser un procedimiento temporero, por lo general para ser realizado una sola vez.

- Delegación efectiva no es abdicar. El gerente sigue siendo en definitiva el responsable de la asignación.

- Para conseguir una cooperación activa entre las partes, hay que tomar pasos concretos hacia una mejor forma de interactuar como lo es el enfoque de ganar/ganando (win/win approach). Para ello debemos tener en cuenta, entre otras cosas:

    1. Respetar el modelo del mundo de los demás.

    2. Las palabras que utilizamos no representan el evento o el objeto. El mapa no es el territorio, ni el menú la cena.

    3. El comportamiento presenta es la mejor alternativa de una persona, si tuviese otras alternativas cuyos

DELEGACIÓN

comportamientos fuesen más apropiados, éste (el comportamiento) cambiaría.

4. La persona NO es su comportamiento. No etiquetar a las personas.

5. No hay personas ineptas, solamente estados incapacitantes. Toda persona tiene los recursos para el éxito.

6. Todo procedimiento debe aumentar los recursos (alternativas).

**Recordatorio: Descargue la
"Guía Complementaria de Delegación"
para obtener sus resúmenes y ejercicios**

Este libro tiene una guía complementaria que lo acompaña, la cual puede descargar de forma gratuita. La misma incluye resúmenes de capítulos críticos y listas de verificación de implementación. Vaya aquí para obtener su guía complementaria gratuita y comience a implementar lo que está aprendiendo:

https://ivanremus.com/hbb/delegation-companion-guide/

- Los pasos en el proceso de una Delegación Efectiva son:

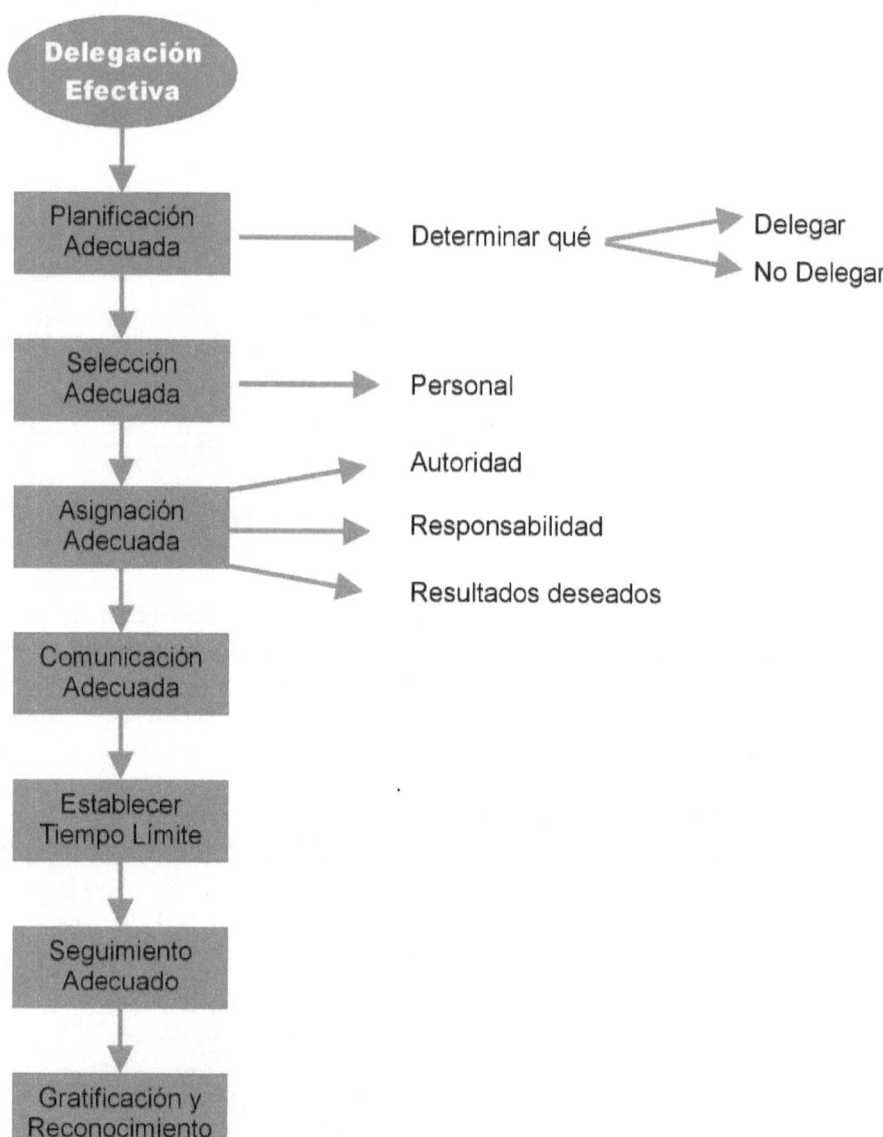

DELEGACIÓN

a. Conclusiones:

Algunas veces los subordinados por diversas razones, se resisten a acepar del jefe nuevas responsabilidades. A continuación, mostramos algunas de ellas:

- La Delegación Efectiva resulta ser una excelente herramienta para e manejo del tiempo, pues mediante la misa, el gerente puede concentrar los asuntos de mayor importancia dentro del círculo de las cosas que él (ella) mismo(a) atiende y delegar en los demás aquellas tareas menos importantes.

- La Delegación Efectiva proporciona oportunidades de crecimiento profesional y de desarrollo de destrezas para el subordinado que esté dispuesto a aprovechar la oportunidad brindada.

- La Delegación Efectiva desarrolla un flujo constante de nuevos líderes que irán ascendiendo en la estructura organizacional de la empresa, a la vez que fomenta el trabajo en equipo y ahora dinero.

- No importa la excusa que demos, la mayor barrera para una delegación efectiva somos nosotros mismos, los gerentes.

- Está en nuestras manos el desarrollar las destrezas necesarias para lograr la excelencia a la hora de delegar de manera efectiva.

"La decisión es suya: Usted puede tomar la delantera y cambiar pro-activamente o mantenerse inmóvil mientras el cambio lo aleja cada vez más de la delantera."

Gerhard Gschwandtner - Back to the Basics of Selling

EPÍLOGO:

No importa quienes seamos, todos tenemos el mismo número de horas al día. Por qué entonces pareciera que hay gente que logra alcanzar unos niveles de éxito realmente extraordinarios, mientras que hay otro grupo de personas que pareciera que las horas del día no les alcanza, a la vez que no logran avanzar en su vida profesional y parecieran no alcanzar sus metas económicas. ¿Qué hace la gran diferencia? La respuesta es sencilla, el primero grupo aprendió a delegar de manera altamente efectiva mientras el segundo grupo se niega a delegar. ¿En qué grupo te consideras? NO me tienes que contestar, pero sí preguntarte y responderte a ti mismo en cuál grupo prefieres estar.

No importa la excusa que demos, la mayor barrera para una delegación altamente efectiva somos nosotros mismos. Está en nuestras manos el desarrollar las destrezas necesarias para lograr la excelencia a la hora de delegar de manera efectiva.

Es por ello que hemos querido brindarles en este libro un manual comprensivo que le ayude a desarrollar dichas destrezas. Esperamos haber alcanzado nuestro objetivo trazado.

Si desea más información, puede visitar nuestra página web www.ivanremus.com donde encontrará como puede participar de nuestros seminarios, adiestramientos, grupo VIP y nuestro exclusivo servicio de consultoría personalizada.

Recuerde que existen sólo dos tipos de personas, aquellos que toman la delantera de buscar mejorar y aquellos que deciden quedarse inmóviles mientras el cambio los aleja cada vez más del triunfo. ¿En cuál grupo usted quiere estar?

DELEGACIÓN

Recuerde:

El tiempo es vida. Cada vez que usted dice que no tiene tiempo para algo, lo que realmente usted está diciendo es que usted no tiene vida

Entonces, ¿En cuál grupo usted quiere estar?

Recordatorio: Descargue la "Guía Complementaria de Delegación" para obtener sus resúmenes y ejercicios

Este libro tiene una guía complementaria que lo acompaña, la cual puede descargar de forma gratuita. La misma incluye resúmenes de capítulos críticos y listas de verificación de implementación. Vaya aquí para obtener su guía complementaria gratuita y comience a implementar lo que está aprendiendo:

https://ivanremus.com/hbb/delegation-companion-guide/

BIBLIOFRAFÍA CONSULTADA:

- Alec Mackenzie. Gerencia en Acción

Codado, Caracas, 1972.

- Alexander Hamilton Institute, Inc. La Delegación: El Secreto del Éxito

Modern Business Reports, New York, 1981.

- Leon C. Megginson & others. Management, Concepts & Applications

Harper & Row Publishers, New York, 1983.

- Michael E. Gerber. The E Myth Revisited

Harper Business, New York, 1995.

- Peter Hofstetter. How To Delegate?

AIESEC - National Trainers Team, Switzerland, 1996.

- Karen Lawson. How To Delegate Effectively

Edward Lowe Foundation, New York, 1997.

- Shar McBee. How To Delegate: The 3 L's

Shar McBee, New York, 2001

DELEGACIÓN

- Jules Steinberg. How To Delegate

TWICE, New York, 2001.

- E.A. Winning. How To Delegate

E.A. Winning, New York, 2003.

- Methodist Leadership. Management by Delegation

Methodist Leadership, Houston - Texas, 2003

- Tim Bradner. Entrepreneurs Must Learn How to Delegate

Service Corps of Retired Executives, Holland - Michigan, 2003

- Neal Coonerty. How To Delegate & How to Maximize Staff Productivity

Bookshop Santa Cruz, Santa Cruz - California, 2003.

- Gregory P. Smith. How To Delegate Effectively

Chart Your Course International, Atlanta - Georgia, 2003.

- Alan Brown. How To Delegate

Active Information, Better Business, New York, 2006.

- Microsoft® Encarta® 2006. © 1993-2005 Microsoft Corporation.

OTROS LIBROS POR IVAN REMUS, PE, ESQ.

El licenciado Ivan Remus tiene varios libros a su haber dentro del tema de Gerencia y Liderazgo, entre los que se destacan:

Negociación. Técnicas de Negociación Efectiva.

Delegación. Técnicas de Delegación Efectiva.

Así mismo, se encuentra actualmente desarrollado una serie de libros en el importante tema de Autoayuda y Motivación.

El licenciado Remus es también autor del libro Cartas de un Padre Divorciado – La Otra Cara de la Luna. Un libro que muestra claramente la importancia de permitir al padre divorciado ser un padre presente en la vida de sus hijos.

La lista completa la encuentran en: www.ivanremus.com

Es importante señalar también que todos sus libros están disponibles tanto en el idioma inglés como en el español.

SOBRE EL AUTOR

Ivan Remus es un reconocido abogado e ingeniero que ostenta la designación Master Practitioner en Programación Neurolingüística (PNL) y que ha admitido para practicar leyes en al menos diez tribunales federales, incluyendo a la Corte Suprema de los Estados Unidos (SCOTUS).

Su exitosa carrera en los campos legal, de ingeniería, inmobiliario y académico es extensa y se centra en la consultoría de negocios. El licenciado Remus, quien se ha comprometido personalmente a contribuir con la práctica del derecho a través de su práctica privada y su legado académico, ha disfrutado de una reputación como un apasionado y dedicado ejecutivo, con amplia experiencia y probado éxito en procesos de delegación gerencial.

Es también autor de numerosos libros en los campos de administración de empresas y de liderazgo, así como en el campo de la autoayuda. Puedes seguirlo en su blog: www.IvanRemus.com

¡GRACIAS!

Gracias por comprar y leer este libro. Espero que le resulte una guía práctica y útil de cómo lograr el éxito a la hora de delegar cada aspecto de su vida profesional y personal, de manera que pueda dedicar tiempo a lo que usted muy bien sabe debe ser su prioridad.

Antes de irse, ¿estaría bien con usted si le pido un pequeño favor? ¿Podría tomarse un momento y dejar breve un comentario de una o dos líneas en el sitio de Internet donde compró este libro? Su reseña puede ayudar a otros a decidir qué es lo próximo que deben leer. Sería grandemente agradecido por muchos otros lectores.

**Recordatorio: Descargue la
"Guía Complementaria de Delegación"
para obtener sus resúmenes y ejercicios**

Este libro tiene una guía complementaria que lo acompaña, la cual puede descargar de forma gratuita. La misma incluye resúmenes de capítulos críticos y listas de verificación de implementación. Vaya aquí para obtener su guía complementaria gratuita y comience a implementar lo que está aprendiendo:

https://ivanremus.com/hbb/delegation-companion-guide/

RECURSOS

Si desea más información, puede visitar nuestra página web donde encontrará como puede participar de nuestros seminarios, adiestramientos, grupo VIP y nuestro exclusivo servicio de consultoría personalizada. Déjeme saber si le interesa que llegue hasta su ciudad a dar una charla o entrenamiento especializado sobre este o algún otro tema.

www.ivanremus.com

**Recordatorio: Descargue la
"Guía Complementaria de Delegación"
para obtener sus resúmenes y ejercicios**

Este libro tiene una guía complementaria que lo acompaña, la cual puede descargar de forma gratuita. La misma incluye resúmenes de capítulos críticos y listas de verificación de implementación. Vaya aquí para obtener su guía complementaria gratuita y comience a implementar lo que está aprendiendo:

https://ivanremus.com/hbb/delegation-companion-guide/

www.ingramcontent.com/pod-product-compliance
Lightning Source LLC
Chambersburg PA
CBHW030532220526
45463CB00007B/2797